Utförsäkrad från sjukförsäkringen

Utförsäkrad från sjukförsäkringen

Eva Enderström

Av Eva Enderström har tidigare utgivits:

Döden, 2017
Verkligheten är en illusion, 2017

Eva Enderström
Förlag: BoD – Books on Demand, Stockholm, Sverige
Tryck: BoD – Books on Demand, Norderstedt, Tyskland
ISBN: 978-91-7699-692-8

Till

alla som har utförsäkrats från sjukförsäkringen och

politikerna, som har makt att ändra sjukreglerna

"Samhället är människans verk. Om något är fel kan vi ändra på det."
Olof Palme

Innehåll

Prolog

Sedan år 2008 har drygt 100 000 personer utförsäkrats från sjukförsäkringen i Sverige, en följd av den borgerliga politiken. Den tidsbegränsade sjukersättningen tas bort och sjukpenning betalas högst 365 dagar plus en eventuell förlängning på 550 dagar. Nu är det inte lägre människors hälsa som bestämmer om de ska få sjukersättning utan en tidsgräns har införts, bestämd av statsminister Fredrik Reinfeldt, finansminister Anders Borg och socialförsäkringsminister Cristina Husmark Pehrsson, för att få mer pengar till skattesänkningar för de rika. Politikerna som har höga löner och själva lever på skattepengar har tagit bort inkomsten från personer som bara har haft oturen att bli kroniskt sjuka. Och nu tvingas tusentals svårt sjuka människor till socialen för att få pengar, andra nekas försörjningsstöd och några har begått självmord. *Utförsäkrad från sjukförsäkringen* handlar om den svenska sjukpolitiken, mänskligt lidande och fattigdom i ett av världens rikaste länder.

Stockholm i november 2017

Eva Enderström

Från fattigvård till välfärdsstat

Saliga är de som är fattiga i anden, dem tillhör himmelriket. - - -
Gläd er och jubla, er lön blir stor i himlen. Matteusevangeliet 5:8

Fattigvård kallades förr i tiden samhällets omsorg om fattiga personer, som inte kunde försörja sig själva. Under medeltiden i Sverige tillämpade man antingen rotegång (på landsbygden) eller helgeandshus (i städerna) för de allra fattigaste. Enligt 1642 års tiggareordning skulle i första hand de anhöriga ha ansvaret för de fattiga och i andra hand låg ansvaret på den egna församlingen, som skulle uppföra sjukstuga och fattigstuga för gamla och sjuka och barnhus för de föräldralösa. Under 1700-talet började arbetshus (en anstalt där fattiga försörjdes och sattes i arbete) inrättas i större städer.

På 1800-talet var Sverige ett u-land präglat av misär, svält och sjukdom, som fick en miljon svenskar att utvandra till Amerika. Osunda bostäder och trångboddhet, dålig kosthållning, bristfällig renhållning och avfallshantering, dåligt ordnad vattenförsörjning och undermåliga avloppssystem orsakade en hög dödlighet i det gamla samhället. Till detta kom i många fall dålig personlig hygien, hög alkoholkonsumtion bland män, dåliga arbetsförhållanden och ett osunt sätt att leva. Genom

1847 års fattigvårdsförordning fick fattigvården en fastställd organisation. På 1850-talet kallades Sverige för Europas fattighus därför för att fattigvården hade mycket dåligt rykte. Människor utan möjlighet till bostad och arbete hänvisades till fattighus. Där samlades fattiga, barn, gamla, sjuka och andra nödställda människor som utsattes för den mest kränkande och förnedrande behandling.

Vid 1900-talets början tog frivilliga välgörenhetsorganisationer initiativ till en djupgående förändring av fattigvården: barnavård för sig, nykterhetsvård för sig, mentalvård för sig och äldreomsorg för sig. Genom 1918 års fattigvårdslag blev fattigstugorna ålderdomshem. Inför demokratins genombrott i tidigt 1900-tal växte den frivilliga sjukkasserörelsen, föregångaren till Försäkringskassan, i styrka. Krav på sociala reformer fick genomslag och efterhand har samtliga svenska politiska partier kommit att präglas av socialpolitiska reformer. 1913 beslöt en näst intill enig riksdag att införa allmän ålderspension. Först efter 1948 var det dock möjligt att leva på folkpension. Steg för steg har de statliga insatserna inom detta område ökat och kom att omfatta ett skattefinansierat skyddsnät med arbetsskadeförsäkring (1916–1976), bidragsförskott (1937-1964), barnbidrag (1948), föräldraförsäkring (1974), allmän sjukförsäkring (1955) och allmän tilläggspension (1960). 1956 ersattes fattigvårdslagen med lagen om socialhjälp, som i sin tur år 1982 ersattes av socialtjänstlagen.

Socialdemokratiska Sverige förändras

Socialdemokraterna har bäst ekonomiskt politik enligt mätning. Samhällsnytt

Socialdemokraterna anses ha bäst politik i allt fler av väljarnas viktigaste frågor. Novus

Socialdemokraterna har haft regeringsmakten oavbrutet i Sverige från 1936 till 1976. Partiet har stått för marknadsekonomi, statligt ägande och ett samhälle med allmän välfärd genom en stark, skattefinansierad offentlig sektor.

Olof Palme, socialdemokrat och Sveriges statsminister 1969-1976 samt 1982-1986, var en av 1900-talets ledande, mest kända och kontroversiella politiker. Aldrig har så omfattande reformer genomförts under så kort tid någonsin någonstans som under Palmes första sju år som statsminister. En lång rad av fenomen vi förknippar med den svenska välfärdsstaten har tillkommit under denna tidsperiod. Under några få år genomfördes en sjukförsäkringsreform där en pensionsgrundande sjukersättning ersatte den gamla sjukpenningen. Beslut fattades om en tandvårdsförsäkring, betydande förbättringar i arbetslöshetsförsäkringen, pension vid 65 år, deltidspensioner, reformerad arbetsskadeförsäkring, 40 timmars arbetsvecka, bostadsbidrag, föräldraförsäkring, kraftigt höjda barnbidrag, beslut om statligt subventionerad daghemsutbyggnad för alla barn, fri abort infördes 1975, en ny äktenskapslag antogs och avskaffandet av sambeskattningen 1971 gjorde det mer fördelaktigt för gifta kvinnor att söka sig ut på arbetsmarknaden. Allra kraftigast var expansionen i kommunerna som skulle bygga och driva alla de skolor, daghem, bostäder och äldreboende som riksdag och regering på fattat beslut om. Sverige hade i mitten av 1970-talet hunnit längre än något annat land när det gäller välstånd, jämlikhet och jämställdhet.

Olof Palme sköts till döds i centrala Stockholm den 28 februari 1986. Mordet är fortfarande ouppklarat. 1988 anhölls Christer Pettersson som misstänkt för mordet. Pettersson dömdes av Stockholms tingsrätt till livstids fängelse, men frikändes av en enig hovrätt. Resning begärdes 1997 av riksåklagaren, men avslogs av Högsta domstolen 1998. Olof Palme är begravd på Adolf Fredriks kyrkogård i Stockholm och har en minnesplatta vid korsningen Sveavägen-Olof Palmes gata i Stockholm med texten: "PÅ DENNA PLATS MÖRDADES SVERIGES STATS-MINISTER OLOF PALME DEN 28 FEBRUARI 1986".

Därför är jag demokratisk socialist är ett tal som Olof Palme höll i september 1982. Han förklarade sina tankegångar kring ideologi, värderingar och attityder:

Jag är demokratisk socialist med stolthet och glädje. Jag blev det när jag for omkring i Indien och såg den fruktansvärda fattigdomen fast en del var oerhört rika, när jag for runt och såg en ännu mer förnedrande fattigdom, på sätt och vis, i Förenta Staterna, när jag som mycket ung kom öga mot öga med kommunismens ofrihet och förtryck och människoförföljelse i kommuniststaterna. När jag kom till nazisternas koncentrationsläger och fick se dödslistorna på social-demokrater och fackföreningsmän.

Jag blev det när jag fick klart för mig att det var socialdemokratin som bröt marken för demokratin i Sverige, när jag fick klart för mig att det var socialdemokratin som lyft landet ur fattigdom och arbetslöshet med 30-talets krispolitik. När jag själv fick vara med och arbeta för ATP och fick möta de privilegierades socialistkampanjer när vanliga löntagare ville trygga sin ålderdom, för det var det ni höll på med då.

Jag blev det under många år av samarbete med Tage Erlander då jag lärde mig vad demokrati och humanism är och med nära vänner som Willy Brandt, Bruno Kreisky och Tryggve Bratteli, som riskerade livet i kampen om människovärdet.

Men viktigare är att jag bestyrks i min övertygelse när jag ser ut över världen, när jag ser krigen och kapprustningen och massarbets-lösheten och klyftorna mellan människorna.

Jag bestyrks i min övertygelse när jag i vårt eget land ser orättvisorna öka, arbetslösheten tillta, spekulation och fiffel gripa kring sig.

När jag ser hur högerpolitiken i land efter land driver ut människor i arbetslöshet slår sönder tryggheten men ändå inte löser de ekono-miska problemen och när jag ser in i den framtid de borgerliga tydligen har att erbjuda där löntagarna ska bli fattigare och de rika rikare, där den sociala tryggheten blir bräckligare och lyxbåtarna fler, där solidariteten blir svagare och egoismen starkare, där de starka kan ta för sig och de svaga får ta skeden i vacker hand.

Visst är jag en demokratisk socialist. Jag är det med stolthet över vad denna demokratiska socialism har uträttat i vårt land, jag är det med glädje för jag vet att vi har viktiga arbetsuppgifter framför oss efter det borgerliga vanstyrets år.

Och med tillförsikt, för nu vet människor vad som händer med jobben och tryggheten och stabiliteten när högerkrafterna har ansvaret.

17

Jag är det på sätt och vis med ett roat leende för jag vet att den moderna svenska historien är full med värdefulla reformer som vi har skildrat som elak socialism men sedan slåss ni om att få äran av reformerna när människorna har fått erfarenhet av vad den betyder.

Visst Fälldin och Ullsten är jag demokratisk socialist; som Branting när han genomförde rösträtten; som Per-Albin när han bekämpade arbetslösheten på 30-talet och talade om folkhemmet; som Erlander när han byggde ut den sociala tryggheten och ATP. För det handlar om solidaritet och omtanke människor emellan. Och vad är egentligen Fälldin?

År 2004 bildade Moderaterna, Centerpartiet, Liberalerna och Kristdemokraterna den borgerliga koalitionen Alliansen. Moderaterna är det största partiet i Alliansen. Moderaternas officiella ideologi är liberalkonservatism, valfrihet, arbete, egen företagsamhet och enskild ägande. 2006 vann Alliansen valet i Sverige och 2008 försämrades sjukförsäkringen, som skulle leda till otrygghet och fattigdom för tusentals oskyldiga patienter eftersom de blev utförsäkrade. Regeringen skärpte även kraven på att arbetslösa skulle söka olika typer av jobb på andra orter än hemorten från första arbetslösa dagen. Samtidigt startade den nya jobb- och utvecklingsgarantin.

När Socialdemokraterna hade makten i Sverige var det sällan Försäkringskassan inte beviljade en sjukskrivning, men nu är det tvärtom – enligt de nya sjukreglerna struntar Försäkrings-kassan ofta i läkarens intyg. Den 1 februari 2016 togs den bortre tidsgränsen i sjukförsäkringen bort. Den tidsbegränsade sjukersättningen har upphört, men det finns möjlighet att få permanent sjukersättning för dem som omöjligt kan återfå sin arbetsförmåga under resten av livet. Sjukreglerna kan man läsa om i Lag (1962:381) om allmän försäkring.

Den svenska sjukpolitiken har förändrats dramatiskt sedan år 2008 - drygt 100 000 personer har förlorat sin sjukpenning eller sjukersättning. Men det är endast denna grupp av sjuka och sjukskrivna människor som har förlorat sin inkomst – statens övriga utgifter är i princip oförändrade.

Svenska fångar kostar sex gånger mer än genomsnittet (en svensk fånge kostar 621 euro om dagen jämfört med det europeiska genomsnittet på 103 euro) och invandringen till Sverige fortsätter, vilket kostar flera miljarder kronor varje år. Sverigedemokraternas partiledare Jimmie Åkesson är kritisk till den svenska invandringspolitiken: "Invandring till Sverige är inget bra sätt att hjälpa 60 miljoner flyktingar på. Det är tvärtom ett väldigt dyrt och ineffektivt sätt", säger han.

Kungafamiljen kostade de svenska skattebetalarna 135 miljoner kronor år 2016. Thomas Bodström, före detta socialdemokratisk politiker, ifrågasätter kungahuset i boken *Inifrån*: "Ska vi avskaffa monarkin?" och "Jag tycker det är svårt att egentligen komma på ett vettigt argument för att ha monarki. Det är i grunden odemokratiskt och omodernt att ärva en position i samhället." - - - "Visst är det en del av vår historia, som det brukar hävdas, men den är väl till för att förändras? I annat fall skulle vi i dag inte ha kvinnlig rösträtt, men fortfarande ha kvar dödsstraffet."

Det kan i detta sammanhang vara av intresse att titta mer i detalj på statens inkomster och utgifter, se nästa sida.

Statens inkomster år 2016 i miljarder kronor:

Statens skatteinkomster: 1 043,8
Inkomster av statens verksamhet: 31,3
Inkomster av försåld egendom: 0,2
Återbetalning av lån: 0,8
Kalkylmässiga inkomster: 10,8
Bidrag från EU: 11,0
Avräkningar mm i anslutning till skattesystemet: -95,1
Inkomster i statens budget: 1 002,7

Statens utgifter år 2016 i miljarder kronor:

Rikets styrelse: 12,7
Samhällsekonomi och finansförvaltning: 15,0
Skatt, tull och exekution: 10,8
Rättsväsendet: 42,3
Internationell samverkan: 2,1
Försvar och samhällets krisberedskap: 49,4
Internationellt bistånd: 32,0
Migration: 41,3
Jämställdhet och nyanländas invandrares etablering: 19,2
Hälsovård, sjukvård och social omsorg: 63,4
Ekonomisk ersättning vid sjukdom och funktionsnedsättning: 105,6.
Ekonomisk trygghet vid ålderdom: 35,9.
Ekonomisk trygghet för familjer och barn: 86,1
Arbetsmarknad och arbetsliv: 72,5
Utbildning och universitetsforskning: 66,0
Studiestöd: 19,5
Kultur, medier, trossamfund och fritid: 14,1

Samhällsplanering, bostadsförsörjning, byggande och konsumentpolitik: 3,1
Regional tillväxt: 2,6
Allmän miljö- och naturvård: 7,3
Energi: 2,7
Kommunikationer: 50,1
Areella näringar, landsbygd och livsmedel: 15,9
Näringsliv: 5,9
Allmänna bidrag till kommuner: 93,3
Avgiften till Europeiska unionen: 30,3
Statsskuldsräntor mm: 1,7
Summa utgiftsområden: 900,8
Källa: Regeringskansliet, regeringen.se.

Fattigdom i välfärdsstaten

Det bästa statsskicket har en stat som består av medborgare som är så jämlika som möjligt. Dessa medborgare är också de som klarar sig bäst i staten. Dels eftertraktar de inte andras egendom, som de fattig gör, dels eftertraktar inte andra vad de själva har, som de fattiga eftertraktar de rikas egendom. Genom att de varken blir utsatta för angrepp eller själva planerar förståt för andra lever de tryggt. *Politiken* av Aristoteles

Det svenska folket, som lever i ett av världens rikaste länder, kommer på 2000-talet att uppleva fattigdom igen – i alla fall de utförsäkrade och människor i deras omgivning. År 2008 förändrades sjukreglerna och folk blev utförsäkrade från sjukförsäkringen, som jag tidigare har berättat om. Nu blev de sjuka, som hade nog besvär med sina hälsotillstånd, även utan pengar. Blir man sjuk är man inte värd något, verkar det som – men vem som helst kan ju bli sjuk. Efter utförsäkringen från sjukförsäkringen skulle dessa människor ut på arbetsmarknaden. Men även om både läkaren och Arbetsförmedlingen bedömde att den utförsäkrade inte kunde arbeta kunde den sjuke ändå bli nekad sjukersättning. Och nu på 2000-talet tar folk det som en självklarhet att kvinnor ska försörja sig själva, men så har det inte alltid varit och det finns fortfarande kvinnor som blir försörjda av sina män.

Patienter som är sjukskrivna av läkare tvingas nu till socialen eftersom de inte får pengar från Försäkringskassan. Men för att få ekonomiskt bistånd måste man ha gjort allt man kan för att försörja sig själv och sin familj. Och efter hyran är betald har bidragstagaren, i skrivande stund, november 2017, ungefär 4000 kr kvar att leva på varje månad. Den som får försörjnings-stöd blir dessutom bedömd av socialsekreterare som varken har kunskap om mediciner eller sjukdomar. Kostnaderna för försörjningsstöd har ökat de senaste åren och det rör sig till stor del om personer som utförsäkrats från sjukförsäkring och arbetslöshetsförsäkring. Den borgerliga regeringen har i stället för att skapa fler arbeten ökat bidragsberoendet.

Ur Aftonbladet 2009-09-12: Sjuka – måste jobba

Thomas, Selma och Henrik var sjukskrivna. Deras läkare slog fast att de inte kunde jobba. Men intygen underkändes. "För tio år sedan litade de på oss läkare. Försäkringskassan underkände väldigt få intyg. Men nu har det slagit över åt andra hållet."

Thomas Lycknell, 41, sjukskrevs på grund av nervskada och hans läkare intygade att det var omöjligt att jobba. Men Försäkrings-kassans läkare gjorde en annan bedömning – trots att han inte träffat Thomas. Under fem år fick Thomas klara sig på en halv sjukpension.

41-åriga Selma från Stockholm har ständig värk efter en olycka. Men trots att hon tvingas äta smärtstillande medicin varje dag och att hennes läkare flera gånger har intygat att hon inte kan jobba anser Försäkringskassan att hon är frisk nog.

Henrik Karlsson, 41, sjukskrevs på grund av svåra ryggsmärtor. Efter drygt två år kunde han börja jobba igen, men Försäkringskassan drog in hans sjukersättning trots att hans läkare intygat att han inte kan jobba heltid.

"Jag har gått på arbetsträning i 4 månader. Jag registrerar min arbetsförmåga. Jag går hem när jag får ont. Detta kan Försäkringskassan inte protestera emot. Med sossarna blev jag kastad ut på gatan. När jag jobbade 50 procent var det ingen som undrade om 50 procent var min arbetsförmåga." Man, 33 år.

"Det är ju regeringen och politikerna som fuskar, inte folket. Tänk att ta ut en lön på miljoner och dessutom skyhöga reseersättningar när man åker till Bryssel. De som beslutar detta är myglare och korrumperade. Det är dem vi skall sätta åt, inte de som redan ligger." Kvinna, 63 år.

"Regeringens politik bygger på att man inte kan bli kroniskt sjuk. Att alla kan rehabiliteras till fungerande arbetande medborgare. Men vilken normal arbetsgivare vill anställa människor som är så här sjuka?" Kvinna, 27 år.

"Sverige är INTE längre ett land med välfärd för alla. Sjukförsäkringen är numer att skämt, då sjukdomen inte längre styr din sjukskrivningstid, utan påhittade politiska tidsgränser. Att vanliga människor kan tänka sig att rösta på alliansen, det är minst sagt ofattbart!" Man, 49 år.

Ur Aftonbladet 2009-09-12: Sjuka Tuija, 51, tvingas arbeta

Tuija Saari, 51, är för sjuk för att arbeta. Det slår hennes läkare fast – men Försäkringskassan håller inte med. "De har förstört mitt liv", säger hon. "Smärtorna blev för mycket. Vissa dagar kunde jag inte ens ta mig upp ur sängen." Hon har reumatism, kotförslitningar och en sjukdom som gör att hon är extra känslig för smärta. Tuija har även astma, högt blodtryck och lider av depressioner. I våras skickades hon ändå på arbetsträning.

Ur Aftonbladet 2009-10-06: Allt fler tvingas be om hjälp – för att få mat på bordet

Allt fler drabbas av krisen. Värst utsatta är de redan sämst ställda: arbetslösa, hemlösa och folk som blivit utknuffade ur Försäkringskassan. Kyrkan hjälper till med mat, kläder och stöd. Två gånger i veckan delar Frälsningsarmén vid Hornstull i Stockholm ut matkassar med matvaror som bröd, makaroner, korv, vita bönor och pasta.

Ur Svenska Dagbladet 2009-11-30: Socialbidragen ökar kraftigt

Utbetalningarna av ekonomiskt bistånd, socialbidrag, ökade med 19 procent under tredje kvartalet.

Ur Arbetet 2011-01-14: Allvarligt sjuka tvingas till socialen

Fotamputerade diabetiker. Cancersjuka. Schizofrena. Den grupp som är långvarigt beroende av socialbidrag fylls nu på av sjuka som inte längre kan få ersättning från sjukförsäkringen. "Jag tror att alla som ser vad vi hittar blir rätt chockade", säger Margareta Ridderstedt, första socialsekreterare vid försörjningsenheten i Borlänge kommun.

Ur Feministiskt Perspektiv 2011-04-08: Utförsäkrade nekas socialbidrag – ska arbeta till varje pris

Människor som kastats ur sjukförsäkringen kan inte ens räkna med att få socialbidrag längre. För att få socialbidrag måste de kunna styrka sin sjukdom med läkarintyg. Men nu har socialtjänsten börjat granska sjukintygen på samma sätt som Försäkringskassan, med följden att sjuka människor nekas socialbidrag och står helt utan hjälp även från den institution som är tänkt att vara samhällets yttersta skyddsnät. "Om man får ett sjukintyg underkänt hos socialtjänsten innebär det att man räknas som arbetslös och måste stå till arbetsmarknadens förfogande. I praktiken innebär det att människor som är sjuka måste gå till jobbtorg för att inte socialtjänsten ska dra in socialbidraget", berättar Jenny Johansson som arbetar som kurator på Sociala Missionen i Stockholm.

Ur Svenska Dagbladet 2012-07-12: Nöd driver fler att söka kyrkans hjälp

Allt fler stockholmare får nej på biståndsansökningar hos socialtjänsten, som hänvisar människor till kyrkan, som betalar pengar till medicin och SL-kort.

Ur Metro 2013-02-25: Försäkringskassan till svårt cancersjuk: När ska du dö?

23-åringen har en dödlig cancersjukdom. Den sista tiden i livet ville han lämna sjukhuset och få vård hemma. Då krävde Försäkringskassan ett skriftligt intyg med datumet då han förväntas dö. "Det är ett hån", säger Julia Mjörnstedt, ordförande för Ung cancer.

Ur Metro 2014-02-24: Svårt cancersjuka Åsa tvingas jobba

Trots att Åsa nyligen genomgått stora canceroperationer tvingar Försäkringskassan henne att arbeta. "Jag har svåra smärtor och yrsel, men vad ska jag göra? Jag har fått avslag på fortsatt sjukpenning och måste försörja min familj", säger Åsa och rösten bryts sönder av gråt.

Ur ETC 2014-06-20: Utförsäkrade Johan måste tigga ihop pengar till mat

Johan, 40 år, har en psykiatrisk diagnos men får ingen sjukersättning. Han har inte ätit ordentligt på en vecka. En morgon fick han nog och tog på sig kostymen och satte sig och tiggde. "Jag såg tiggarna i tunnelbanan, all respekt för dem. Man jag tänkte, varför inte göra samma sak. Så jag skrev en skylt och gick ut på stan", säger Johan. "Utförsäkrad, långtidssjukskriven. Nekad sjukersättning! Snälla hjälp mig med hyran" står det med darrig handstil på en kartongbit.

Nu sitter han och tigger vid Slussen i centrala Stockholm. På fyra timmar har han fått ihop 200 kronor. Många förbipasserande har varit stöttande men Johan skäms, det är första gången som han har tvingats att tigga. "Jag har vuxit upp i Välfärdssverige, här har man inte behövt tigga för att klara sig. Så är det inte längre." Johan har klätt sig i röd slips och kostym för att visa att vem som helst kan hamna i samma situation.

Johan är 40 år gammal och bor på ett stödboende. Ett litet rum med pentry, en hall och egen toalett. Totalt 20 kvadratmeter. Han har en dubbeldiagnos, aspberger och depressioner. För det får han bensodiazepiner. Han har levt hela sitt liv i Stockholm. På grund av psykiska besvär var det svårt att klara av gymnasiet. Han hoppade av och arbetade fyra år på ett fiskrökeri. Sedan dess har han levt på sjukpenning. Det har fungerat hyfsat fram till för några år sedan.

Han berättar hur han kastats runt mellan myndigheterna. Psykiatrin i Liljeholmen var överbelastad. Där fick han ingen läkartid och därmed inget intyg. Johan skickades vidare till Maria pol men de vägrade ta emot honom. Sedan tillbaka till psykiatrin som skickade honom vidare till nästa instans. Sedan tillbaka igen.

Vanligtvis har Johan 3 000 kronor att leva på varje månad när hyran är betald. Men den senaste tiden har han inte fått några pengar alls på grund av myndighetskarusellen. "Som tur är har jag vänner som har hjälpt mig med lite mat och pengar", säger Johan.

Ur Aftonbladet 2014-09-04: Snart 9 000 dubbelt utförsäkrade.

Över 9 300 personer kommer vid årsskiftet att ha utförsäkrats två gånger från sjukförsäkringen. Få blir friska och får jobb. Efter att ha valsat runt i systemen i många år är det i stället många som sjukskrivs för gott. "Det är ett bevis på att systemet inte fungerar. Man har koncentrerat sig på att få folk ut ur sjukförsäkringen, när fokus borde ha legat på en fungerande vård och rehabilitering", säger Lisbeth Forsberg, själv utförsäkrad och aktiv i Solrosupproret som arbetar mot utförsäkringarna.

Ur Aftonbladet 2016-03-07: Nathalie, 27, blev förkyld – fick obotlig sjukdom

Det började som en vanlig förkylning för tre år sedan och Nathalie blev sjukskriven. Men sjukdomen gick inte över. Hon har ständig värk och måste få hjälp med nästan allt. I april 2014 fick hon inte längre sjukpenning från Försäkringskassan, som ifrågasatte om hon verkligen var sjuk. I januari 2015 fick Nathalie diagnosen myalgisk encefalomyelit. Det finns inget botemedel mot sjukdomen som drabbar två av 1 000 svenskar varje år. Men Försäkringskassan godkände ändå inte hennes sjukskrivning.

Ur Sydsvenskan 2017-09-10: 62-åriga Kalle tvingas jobba trots att hans kropp inte orkar med det längre

Kalles arbete innebar klättrande på stegar och byggnadsställningar och krävde kroppsstyrka och rörlighet i lederna. Efter en arbetsplatsolycka hade Kalle genomgått flera operationer. Han hade efter läkarbedömning en längre tid varit sjukskriven på halvtid. Trots att hans hälsa inte blivit bättre tvingades han nu arbeta heltid. Detta på grund av Försäkringskassans attityd mot stora grupper svaga och sjuka försäkringstagare. Försäkringskassan gör egna bedömningar som inte tycks ta någon som helst hänsyn till medicinska sådana.

På Flashback har några medlemmar skrivit om utförsäkringen från sjukförsäkringen:

Medlem 1: Ni som har blivit utförsäkrade – Hur har ni det i dag?

Medlem 2: Problemet är att jag inte tror att du finner någon i den gruppen här på Flashback.

Medlem 3: Verkar inte som att så värst många utförsäkrade har råd med dator, bredband och så där.

Medlem 4: Jag blev utförsäkrad redan 2008. Min sjukdom utmattningssyndrom har inte förbättras, men försäkringskassan ansåg ändå att jag har arbetsförmåga, de struntade i läkarintygen. Jag försökte överklaga men det var väldigt kämpigt att vänta i månader på besked och Försäkringskassan kan knäcka även den som är frisk. Jag orkade helt enkelt inte. Misstänksamheten, förnedringen och ovissheten gjorde att jag mådde mycket sämre under lång tid.

Nu hade jag som väl var egna pengar, det var min räddning. Jag vet inte vad jag hade tagit mig till annars. Jag hade absolut ingen ork till arbetsförmedlingens aktiviteter. Jag hade varit kraftlös i många år och kunde inte riskera att min hälsa skulle försämras igen på grund av någon fånig introduktion. Mina krafter har långsamt kommit tillbaka, men jag är långt ifrån frisk.

Om vi hade haft kvar de gamla reglerna fortfarande, då hade jag med största sannolikhet fått förtidspension. När regeringen river beslutet om utförsäkringarna så skall jag kräva tillbaka 3 års sjukersättning inklusive ersättningen från gruppförsäkringar som också drogs in. Totalt är statens skuld till mig över 600 000 netto.

Min sjukdom har tvingat mig till stora förändringar i min livsföring och jag har efterhand lyckats anpassa mig till och trivas med ett liv i stillhet. Och trots min envisa sjukdom och utförsäkringen så har jag fått bättre livskvalité.

Medlem 5: Tror du att du kan få tillbaka pengarna?

Medlem 6: Jag tycker verkligen synd om er som blev utförsäkrade och var sjuka! Vi får hoppas att det snart blir en ändring så att ni som är sjuka får den hjälp ni förtjänar.

Medlem 7: Att försäkringskassan beter sig utomordentligt idiotiskt åt, beror till största delen på en avskyvärd politik som alliansen med Reinfeldt i spetsen går i bräschen för. Hellre straffa alla sjuka för att komma åt en minoritet fuskare!

Medlem 8: Åh fy! Jag kan förstå att det är jobbigt! Och om man har utmattningssyndrom så kan jag tänka mig att det är svårare att kämpa mot försäkringskassan då man verkligen känner att man har blivit felaktigt utförsäkrad!

Medlem 9: Tiden vid utförsäkringen ser jag tillbaka på som något helt surrealistiskt. Jag har aldrig varit självmordsbenägen eller dylikt, men så nära döden har jag nog aldrig varit förutom den gången jag försökte vada över Rapaälven och tappade balansen.

Författarens kommentar. Citaten ovan är sammanfattningar. Google har bilder på utförsäkrade.

Sjukdom och sjukskrivning

Sjukdom, störning i en organisms funktioner. *Svenska ordboken*

Sjukskrivning, benämning på åtgärden att en läkare utfärdar intyg till Försäkringskassan om sin bedömning att en person under angiven period på grund av sjukdom eller skada är helt eller delvis oförmögen till yrkesarbete. *Nationalencyklopedin*

I dag är det läkare och tandläkare som har behörighet att utfärda läkarintyg och sjukskrivning i Sverige. I Norge däremot har även kliniska psykologer sjukskrivningsrätt.

Vi kan alla bli kroniskt sjuka och före år 2008 kunde man lita på att få pengar från Försäkringskassan om man blev sjuk. På den tiden behövde man inte heller ompröva och överklaga Försäkringskassans beslut eftersom läkarens sjukskrivning godkändes. Och varför sjukskriver man sig? Svar: därför att allt kostar pengar.

Sverige är ett av världens rikaste länder och det är en mycket dålig politik att sjuka personer inte får pengar från Försäkringskassan. Vi människor är olika. En del är friska, andra är sjuka och man behöver inte ha en sjukdom för att vara sjukskriven. Man kan lida av smärta, arbetsskada eller en sömnstörning som gör att man inte kan passa arbetsmarknadens tider. Och andra är handikappade och sitter i rullstol. Att fundera på: Varför betalar staten ut föräldrapenning, barnbidrag och handikappersättning? I ett fattigt land måste man arbeta för att försörja sig själv och sin familj. Dessutom finns det pensionärer som klarar av att arbeta. Man måste acceptera att folk är sjuka eftersom det finns sjukdomar och att vissa hälsoproblem är kortvariga medan andra är kroniska. Det är inte heller alla hälsoproblem som går att bota och det finns inte hjälpmedel för allt så att man kan fungera normalt. Och med tidens gång blir vi alla sjuka och/eller handikappade eftersom folk lever så länge (alldeles för länge, enligt författarens åsikt).

Sjukpenning och sjukersättning

Försäkringskassan har uppdraget att utreda, besluta om och betala ut bidrag och ersättningar i socialförsäkringen. Wikipedia

Vem kan få sjukpenning och sjukersättning? *Försäkringskassan har följande regler för sjukpenning:*

Sjukpenning är pengar du kan få om du inte kan arbeta för att du är sjuk.

Anställd. De första 14 dagarna du är sjuk betalar vanligtvis din arbetsgivare sjuklön till dig i stället för din vanliga lön. Sedan kan du ansöka om sjukpenning från Försäkringskassan.

Arbetssökande. Du kan få sjukpenning om du inte kan söka arbete eller ta ett arbete för att du är sjuk. Du ska vara anmäld på Arbetsförmedlingen som arbetssökande. Om du slutade arbeta för mindre än tre månader sedan kan du få sjukpenning även om du inte är anmäld på Arbetsförmedlingen, men du får ingen sjukpenning de första 14 dagarna. Du ska vara försäkrad i Sverige.

Aktiebolag och enskild firma. Du kan få sjukpenning om du inte kan arbeta din vanliga arbetstid för att du är sjuk. Du måste vara borta minst en fjärdedel av din vanliga arbetstid för att kunna få sjukpenning. Du ska vara försäkrad i Sverige.

Föräldraledig. Du kan ha rätt till sjukpenning om du är sjuk och din förmåga att vårda barnet är nedsatt till minst 25 procent. Du ska ha en fastställd sjukpenninggrundande inkomst.

Studerande. Om du studerar och blir så sjuk att du inte kan studera alls kan du behålla ditt studiemedel. Ansök om att behålla studiestödet under sjukdom.

Om du både studerar och arbetar. Du som arbetar samtidigt som du studerar och blir sjuk kan få sjukpenning. För att du ska ha rätt till sjukpenning måste du tjäna minst 10 700 kronor om året.

Försäkringskassan har följande regler för sjukersättning:

Sjukersättning är en ersättning för dig som har fyllt 19 år och troligen aldrig kommer att kunna arbeta heltid på grund av sjukdom, skada eller funktionsnedsättning. Du kan få sjukersättning till och med månaden innan du fyller 65 år.

Författarens kommentar. Försäkringskassans regler har hämtats från forsakringskassan.se den 19 november 2017. Se även Lag (1962:381) om allmän försäkring.

36

Omprövning och överklagande

Ett överklagande är en anmälan av myndighetsbeslut eller domslut till högre rättsinstans, med syftet att få domen eller beslutet ändrat. Om något överklagande inte inkommit inom en viss tidsfrist vinner domen laga kraft. Wikipedia

Om man är missnöjd med Försäkringskassans beslut kan man begära att de omprövar det. Är man inte heller nöjd med Försäkringskassans omprövningsbeslut kan det överklagas hos förvaltningsrätten. Sveriges förvaltningsdomstolar är förvaltningsrätt, kammarrätt och Högsta förvaltningsdomstolen. Rättegången i förvaltningsdomstolarna regleras i förvaltningsprocesslagen.

Att begära omprövning och överklaga ett beslut om sjukersättning eller sjukpenning som inte har blivit beviljad av Försäkringskassan är ganska meningslöst. Det är i politiken problemet finns. Försäkringskassan och förvaltningsrätten hittar på alla möjliga felaktiga bedömningar till varför de inte vill betala sjukersättning. De skriver: "Du bedöms klara av ett arbete anpassat efter din sjukdom." Men varken Försäkringskassan eller förvaltningsrätten kan svara på vilket arbete detta skulle kunna vara – som de ju faktiskt borde göra när de har gjort denna bedömning. Förvaltningsrätten skriver i en dom angående överklagande av Försäkringskassans beslut (avslag) om permanent sjukersättning: "Vad gäller begreppet stadigvarande nedsatt arbetsförmåga, ska det tolkas så att nedsättningen förväntas kvarstå under all överskådlig framtid. Det finns däremot varken i lagtext eller i förarbeten stöd för att ställa upp ett krav på att nedsättningen ska kvarstå livslångt eller fram till pensionsåldern." Dessutom avgör ort om de sjuka får rätt. Chansen att som sjuk få rätt mot Försäkringskassan i domstol varierar stort över landet. I Luleå får fyra av tio rätt, i Stockholm bara en av tio.

Ur SVT nyheter 2017-01-23: 6 000 väntar på omprövning av Försäkringskassan

Antalet personer i hela landet som väntar på att få sitt avslag omprövat har ökat från 1 000 till 6 000 på ett år. Det beror enligt Försäkringskassan på att allt fler blir nekade sjukpenning – och överklagar. För ett år sedan rekryterade Försäkringskassan fler handläggare inom sjukförsäkringen. Det ledde till att fler än tidigare blev av med eller fick avslag på sin ansökan om sjukpenning efter 90 och 180 dagar. Överklagandena har ökat med 69 procent på ett år och handläggarna hinner inte med alla ärenden.

Även Försäkringskassan kan överklaga sjukersättning som beviljats av förvaltningsrätten. Ur Västerbottens-Kuriren 2011-04-06: Beviljad sjukersättning överklagas

En långvarigt sjuk kvinna bosatt i Umeå beviljades nyligen hel sjukersättning av förvaltningsrätten i Umeå. Men nu överklagar Försäkringskassan beslutet till kammarrätten.

Författarens kommentar. Citaten ur tidningarna är sammanfattningar.

Arbetslivsintroduktion

Arbetsförmedlingen ska verka för att förbättra arbetsmarknadens funktionssätt genom att effektivt sammanföra dem som söker arbete med dem som söker arbetskraft, prioritera dem som befinner sig lång från arbetsmarknaden samt bidra till att stadigvarande öka sysselsättningen på lång sikt. Wikipedia

Alla utförsäkrade blev erbjudna att delta i tre månader arbetslivsintroduktion på Arbetsförmedlingen. Dessutom skulle alla sjukskrivna prövas mot hela arbetsmarknaden efter 180 dagars sjukskrivning och de som inte kunde arbeta heltid hos sin gamla arbetsgivare var tvingade att säga upp sig och söka nya arbeten. Regeringen hade bestämt att sjuka människor skulle ut på arbetsmarknaden. Men när den bortre tidsgränsen i sjukförsäkringen togs bort år 2016 avskaffades dock arbetslivsintroduktionen.

Så här kunde tillvaron bli för en utförsäkrad person: I december 2010 upphörde den tidsbegränsade sjukersättningen och den utförsäkrade skickades i januari 2011 till Arbetsförmedlingen och en tre månader arbetslivsintroduktion. Därefter hänvisade arbetsförmedlare tillbaka till Försäkringskassan och husläkare eller annan läkare för sjukskrivning.

Husläkaren sjukskrev patienten en månad och sände remiss till psykiatrin. Efter en månad hade inget beslut om utbetalning av sjukpenning kommit från Försäkringsskassan så den utförsäkrade ringde upp handläggaren som sa att läkarintyget var bristfälligt. Försäkringskassans handläggare ringde därför upp läkaren, som vägrade tillföra något mer. Ärendet anmäldes till Patientnämnden, men den utförsäkrade fick ändå ingen sjukpenning.

Nu hade det gått mer än en månad sedan den utförsäkrade blev sjukskriven så han/hon var utan inkomst. Det var för sent för att ansöka om ekonomiskt bistånd för att hinna betala räkningarna i tid denna månad. Den utförsäkrade försökte boka tid hos psykiatrin, som hänvisade patienten tillbaka till husläkaren, men husläkaren hänvisade den utförsäkrade till psykiatrin och Arbetsförmedlingen. Moment 22 hade inträffat.

Den utförsäkrade anmälde sig därför hos Arbetsförmedlingen som arbetssökande och fick arbetslöshetsersättning. Arbetspsykologen och arbetsförmedlaren hänvisade efter några månader den utförsäkrade tillbaka till sjukvården igen. Efter flera telefonsamtal till psykiatrin lyckades den utförsäkrade boka tid hos läkare, som sjukskrev patienten.

Efter åtta månaders sjukskrivning beslutade Försäkringskassan att sluta betala sjukpenning och hänvisade den utförsäkrade till Arbetsförmedlingen. Patienten hade nu blivit utförsäkrad från sjukförsäkringen två gånger. Försäkringskassans beslut om avslag på sjukpenning överklagades, men den utförsäkrade blev nekad sjukpenning igen. Läkaren skrev dessutom ett intyg om att den utförsäkrade borde få permanent sjukersättning, men sjukersättning beviljades varken av Försäkringskassan eller förvaltningsrätten och det tog förvaltningsrätten åtta månader att fatta detta beslut.

Arbetsförmedlare hänvisade den utförsäkrade att anmäla sig till arbetslöshetskassan för att få arbetslöshetsersättning. Efter en och en halv månad anmälde Arbetsförmedlingen ändå den utförsäkrade till arbetslöshetskassan med lögnen att den utförsäkrade hade meddelat att han/hon inte kunde stå till arbetsmarknadens förfogande och krävde återbetalning. Den utförsäkrade skrev då ett brev till arbetslöshetskassan och förklarade att detta var lögner och att han/hon inte förstod varför de ifrågasatte situationen eftersom den utförsäkrade hade haft arbetslöshetsersättning tidigare i samma situation. Arbetslöshetskassan höll med den utförsäkrade och beviljade fortsatt utbetalning.

När pengarna några månader senare tog slut tvingades den utförsäkrade ansöka om ekonomiskt bistånd hos socialen. Och socialförvaltningen ville att den utförsäkrade skulle ansöka om permanent sjukersättning gång på gång, till det blev beviljat.

Arbetslivsintroduktionen på Arbetsförmedlingen var ganska meningslös. Många av de utförsäkrade som deltog var kroniskt sjuka och borde egentligen ha fått permanent sjukersättning.

Ur Arbetet 2012-01-16: Arbetslivsintroduktion meningslös för utförsäkrade

Meningslöst. Det är den enkla sammanfattningen av hur deltagarna upplever det nya programmet för utförsäkrade, arbetslivsintroduktion.

I juli 2008 införde regeringen en bortre tidsgräns i sjukförsäkringen. Efter en viss tid tar ersättningen slut, även om du inte har blivit ett

41

dugg friskare. I stället skickas du till arbetslivsintroduktion på Arbets-
förmedlingen. En undersökning från Försäkringskassan, baserad på
djupintervjuer med 21 utförsäkrade ger en dyster bild. Redan själva
beskedet att ersättningen från sjukförsäkringen tagit slut upplevs
som ologiskt.

"Jag ser det som en förvaringsplats", säger en av de intervjuade. "De
vet inte vad de ska göra av oss!"

"Det är bättre att man säger det: nej, nej, nej: Du är helt off. Då vet
jag det. I stället för att låtsas att nu får du vara med i någonting här",
säger en annan utförsäkrad.

Författarens kommentar. Citatet ur tidningen är en sammanfattning.

Svenska folket protesterar

Den orättvisa sjukpolitiken har fått det svenska folket att reagera och säga ifrån – och konstigt vore det väl annars – vi lever ju i en demokrati.

Ur Arbetarbladet 2009-12-18: Protester mot nya sjukregler

Ann Persson är en av dem som tagit initiativet till en manifestation mot det nya sjukförsäkringssystemet. På lördag går de ut i centrala Gävle, med tomteluvor på huvudena och flygblad i händerna. Hon orkar inte bära buntarna med flygblad men hon ska ändå försöka trotsa smärtorna och dela ut bladen bland julklappsköpare.

"Vi är de jagade i dag. Det som pågår är omänskligt", säger hon. De bildade en facebook-grupp vars syfte är att protestera mot de nya sjukreglerna. "Det pågår en tragedi i Sverige just nu", skriver de i flygbladet där de berättar att 16 000 långtidssjukskrivna och cirka 30 000 med tidsbegränsad sjukersättning efter nyår tvingas ställa sig till arbetsmarknadens förfogande eftersom de passerat de nya tidsgränserna. "Regeringen drar alla över en kam. De drar en gräns för när folk ska vara friska och sen får man inte vara sjuk", säger hon.

Ur HD 2010-06-22: Sittande protest mot sjukregler

I dag blir det sittprotest vid Försäkringskassan i Helsingborg. Det är en reaktion på de hårdare sjukskrivningsreglerna. Margareta Frid har varit sjukskriven i många år för stresshjärta och muskelsjukdomen fibromyalgi. Hon har utretts medicinskt flera gånger och varje gång blev diagnosen densamma. Men nu anses hon plötsligt frisk nog att arbeta. "Jag protesterar inte bara för min egen del utan för alla som råkat illa ut efter de nya reglerna", säger hon. Sittprotesterna pågår inte bara i Helsingborg utan över hela landet. Bakom dem ligger nätverket Resurs, en av flera organisationer som engagerat sig i kampen mot en orättvis behandling av sjuka.

Ur Sveriges Radio 2011-01-28: Protesterar mot sjukregler

Diakonen Rosita Borum Halvars startar nu en namninsamling i protest mot de hårda sjukskrivningsreglerna. I sitt jobb möter Rosita Borum Halvars allt fler människor som blivit utförsäkrade och som i sin förtvivlan ber kyrkan om pengar. "Man ser hopplösheten och utsattheten i ögonen. Att vårt samhälle, som betecknas som ett rikt samhälle, har sådana personer som så totalt hamnar utanför... Folk försöker ju dölja det så gott de kan och de lånar pengar av bekanta och vänner för att klara sig", säger hon.

Ur Svenska Dagbladet 2011-03-29: Sluta straffa våra patienter

En lag som förutsätter att tillfrisknande sker efter tidtabell är inget annat än omänsklig. Vi möter ofta patienter som har hamnat i kläm i den nya sjukförsäkringsreformen. Utförsäkringarna måste stoppas nu, skriver 108 läkare.

En ung man med asperbergers syndrom fick avslag på ansökan om sjukersättning och hamnade i ett så svårt tillstånd att han fick läggas in för elbehandling, skriver Läkartidningen. I radions P1 framträder en annan ung man vars tillfälliga sjukersättning efter en hjärnskada för fem år sedan gått ut. Han anses för frisk för sjukersättning, för sjuk för att jobba och får inte försörjningsstöd eftersom han bor i en bostadsrätt som hans mamma har betalat.

En grupp onkologer beskrev hur Försäkringskassan tvingar patienter att avbryta cancerbehandling för att delta i arbetsträning. Från psykiatriska kliniker rapporteras om fall av självmord, där beskedet om utförsäkring blivit det slag som fått personen att tappa livsviljan.

Ur Aftonbladet 2011-04-25: Tusentals i demonstrationer mot sjukreglerna

I dag protesterade svenskar i 29 städer mot sjukförsäkringsreglerna. I Stockholm hade 1 000 personer slutit upp på Medborgarplatsen. En lång lista utförsäkrade, sjukvårdspersonal och andra hade kommit till Medborgarplatsen för att tala. "Jag har vänner som är döende och tvingas till Arbetsförmedlingen", säger Annica Larsson. Bland talarna fanns krögaren Erik Videgård, som berättat om sin kamp för sjukersättning i Aftonbladet. Han pratade om fyra punkter som måste ändras för att sjukförsäkringssystemet ska bli bättre, exempelvis att läkaren ska ha det slutgiltiga beslutet om någon ska bli sjukskriven och att köerna för överklagande måste kortas.

Ur Arbetet 2012-04-27: Allt fler utförsäkrade hotar med självmord

Antalet utförsäkrade som meddelar Försäkringskassan att de tänker ta sitt liv har ökat med över 3 000 procent sedan 2008, då de ny sjukreglerna infördes. Men hur många som går från ord till handling finns det inga siffror om. Förra året tog Försäkringskassan emot 599 självmordshot från personer som blivit utförsäkrade eller fått besked om en snar utförsäkring. För fyra år sedan var motsvarande siffra 19.

Ur ETC 2014-06-20: Sittprotester mot de sociala försämringarna

I Stockholm, Göteborg och flera andra städer anordnades det i veckan sittprotester mot de sociala försämringarna. "Det är total kris i systemet. Folk dör på grund av hur de misshandlas av myndigheterna", säger Ann-Katrin Persson, tidigare utförsäkrad. Ann-Katrin Persson tillsammans med Annica Nilsson och ytterligare fyra personer satte sig på asfalten i protest utanför riksdagen. Protesten pågick under ett par timmar. "Vi sitter här för att protestera mot och hur vi och många andra sjuka och arbetslösa behandlas. Den rådande politiken slår hårt mot utsatta grupper", säger Ann-Katrin Persson. "De kastar ut oss från försäkringen och vi hamnar mellan stolarna. Men även arbetslösa i Fas 3 har det väldigt dåligt. De har en massa skyldigheter men saknar nästan helt rättigheter", säger hon.

Ur Expressen 2014-11-01: Hotade döda anställd på Försäkringskassan

En man i 35-årsåldern från Götene åtalas för att ha dödshotat en handläggare på Försäkringskassan. "Jag ska fan i mig döda dig", ska mannen ha sagt, enligt åtalet. Den åtalade mannen var inte nöjd med sina kontakter på Försäkringskassan. Han ska under ett par dagar i augusti ha ringt flera hotfulla telefonsamtal till en av myndighetens tjänstemän. Mannen åtalas nu för hot mot tjänsteman vid Skaraborgs tingsrätt. Brottet hot mot tjänsteman kan bestraffas med böter upp till fyra års fängelse.

Ur Sveriges Radio 2015-01-28: Hotade handläggare på Försäkringskassan

En man som inte fick ut sina pengar som han ville på Försäkringskassan i Växjö under onsdagsförmiddagen började då att hota handläggaren att han skulle slå honom. Personal tryckte på överfallslarmet och polis kunde gripa mannen som nu sitter anhållen, misstänkt för olaga hot. Ingen skadades fysiskt enligt polisen.

Ur Expressen 2016-01-28: Att tvinga sjuka att jobba är inte rätt väg

När beslutet att införa en bortre tidsgräns i sjukförsäkringen röstades igenom i riksdagen 2008 applåderade flera moderata ledamöter. Visste de då att beslutet skulle resultera i att över 100 000 personer skulle utförsäkras, att svårt sjuka människor skulle oroa sig över sin försörjning, stängas av från sjukförsäkringen och hänvisas till Arbetsförmedlingen? Att tvinga personer som är för sjuka för att arbeta ut på arbetsmarknaden är inte rätt väg att gå för att komma till rätta med en ökande sjukfrånvaro.

För oss socialdemokrater är det självklart att alla som kan ska arbeta. Det är lika självklart att den som är sjuk ska ha tillgång till en trygg försäkring som ger rätt till snabb rehabilitering och ekonomisk trygghet. Ingen ska behöva gå från hus och hem bara för att man haft oturen att bli sjuk. Det moderata experimenterandet med utförsäkringar av sjuka var både ovärdigt och overksamt för att göra sjuka människor friskare. Därför är det glädjande att den bortre tidsgränsen i sjukförsäkringen nu äntligen avskaffas.

Ur Arbetet 2016-12-19: Reglerna för sjukskrivna en styggelse

Insändare. I andra änden av luren gråter en av mina långtidssjukskrivna kollegor och berättar att hon har blivit utförsäkrad. De regler vi har vid sjukskrivningar är omänskliga, skriver en fackligt förtroendevald i Handels.

Ur Expressen 2017-02-17: Läkare slår larm om Försäkringskassan

Läkaren Linda Becket, 40, har fått nog av hur Försäkringskassan behandlar sjuka. "Som det är nu fungerar inte socialförsäkringen längre", säger Linda Becket. Desperata patienter bryter ihop i mottagningsrummet. Sjuka människor som förutom oron över sin egen hälsa också måste brottas med en ekonomisk stress när Försäkringskassan ger dem avslag. Sedan förra sommaren har myndigheten blivit mycket hårdare i sina bedömningar. Gång på gång kräver de att läkarna ska skicka in kompletteringar. Ofta slutar det ändå med att patienten får avslag. "Det var som att vi förlorade vår kompetens att i att skriva sjukintyg bara över en natt", säger Linda Becket.

Ur newsaboutdisease.com 2017-04-03: Läkare och Försäkringskassan talar inte samma språk – sjuka tvingas till socialtjänsten

Försäkringskassans skärpta regler har lett till att tusentals fått stora problem. Om underlaget från läkaren anses vara otillräckligt avslås ansökan om sjukpenning och under tiden utredning pågår får den som ansökt inga pengar alls! I dag kan det ta flera månader för en sådan utredning. Det innebär att många måste vända sig till socialtjänsten för att överhuvudtaget ha råd med hyra och mat. Ska svårt sjuka patienter behöva utsättas för detta bara för att Försäkringskassan och Landstingen inte tagit fram en gemensam utbildningsplan som är good enough? Vilken sjukdom en patient har är totalt ointressant för Försäkringskassan. De vill veta exakt vilken nedsättningsförmåga den sjuke har. Det är något som läkaren absolut måste skriva, utifrån egna ord.

Ur Expressen 2017-05-17: "Försäkringskassan struntar i mina intyg"

Nästan 16 000 personer fick sin sjukpenning indragen i fjol. En siffra i statistiken är Helena Lundquist, 51, som nu ska söka jobb trots att hon har svårt att gå, stå och sitta. Helenas läkare Johan Hambraeus anser att det är sparkrav som styr, inte medicinska bedömningar. "Det spelar ingen roll vad jag som läkare skriver." Han ser hur skyddsnätet försvinner från allt fler sjuka och svaga patienter.

Ur Dala-Demokraten 2017-07-27: Påverkad man hotade personalen på Försäkringskassan

Under måndagen gick en berusad man in på Försäkringskassan på Stationsgatan i Borlänge. Mannen, som är i 45-årsåldern, började därefter hota personalen. "Det var en berusad person som kom in och var stökig. Det blev en otrevlig situation och personalen larmade oss. Vi tog sen upp en anmälan om olaga hot", säger polisens presstalesperson Stefan Dangardt.

Författarens kommentar. Citaten ur tidningarna är sammanfattningar. Google har bilder på protester mot sjukregler.

Epilog

Trots att det rödgröna blocket (Socialdemokraterna, Vänsterpartiet och Miljöpartiet) vann valet 2014 i Sverige har det inte i skrivande stund, november 2017, inträffat någon större förändring i sjukpolitiken. Försäkringskassan struntar fortfarande ofta i läkarens sjukintyg. Många sjuka måste arbeta eller ansöka om ekonomiskt bistånd för att få några pengar. Det verkar som att friska människor inte bryr sig om de sjuka, precis som att dessa personer skulle vara osynliga eller ingenting värda. Och det är mycket svårt att få permanent sjukersättning beviljad. Den tidsbegränsade sjukersättningen borde återinföras. Det behövs förändringar i sjukreglerna: är man sjuk och sjukskriven av läkare borde man få pengar från Försäkringskassan. "Vi har fått en ny stor grupp utsatta i Sverige: de försäkringslösa. Det är något helt nytt och det är förskräckande", har Mona Sahlin skrivit i boken *Möjligheternas land.*

Tack alla läsare

Författaren tackar dig som läste och köpte *Utförsäkrad från sjukförsäkringen.* Jag hoppas att sjukreglerna kommer att förändras i framtiden till de sjukas förmån. Det är ju därför Försäkringskassan finns.

Källor

Litteratur

Aristoteles, *Politiken,* Paul Åströms förlag, 2003.

Bibeln, Matteusevangeliet 5:8, Libris förlag, 2010.

Bodström, Thomas, *Inifrån Makten, myglet, politiken,* Norstedts, 2011.

Melin, Jan, Johansson, Alf W, Hedenborg, Susanna, *Sveriges historia,* Prisma, 2003.

Nationalencyklopedin, 2009.

Palme, Olof, *Solidaritet utan gränser: tal och texter i urval,* Bokförlaget Atlas, 2006.

Sahlin, Mona, *Möjligheternas land Min vision för Sverige,* Norstedts, 2010.

Svenska ordboken, Göteborgs universitet, Norstedts Ordbok, 1999.

Östberg, Kjell, *I takt med tiden Olof Palme 1927-1969,* Leopard förlag, 2008.

Östberg, Kjell, *När vinden vände Olof Palme 1969-1986,* Leopard förlag, 2009.

Lagar

SFS 1962:381, Lag (1962:381) om allmän försäkring.

SFS 1971:291, Förvaltningsprocesslag (1971:291).

Rättsfall

IAF, http://www.iaf.se/Lag-ratt/Aktuella-rattsfall/Domar-fran-forvaltningsdomstolarna.

Internet

Aftonbladet, https://www.aftonbladet.se/nyheter/article571-7150.ab?-service=print. Publicerad 2009-09-12. Läst 2017-11-13.

Aftonbladet, https://www.aftonbladet.se/nyheter/article571-4051.ab?-service=print. Publicerad 2009-09-12. Läst 2017-11-13.

Aftonbladet, https://www.aftonbladet.se/nyheter/article129-31045.ab. Publicerad 2011-04-25. Läst 2017-11-14.

Aftonbladet, https://www.aftonbladet.se/nyheter/article-22392610.ab. Publicerad 2016-03-07. Läst 2017-11-20.

Aftonbladet, https://www.aftonbladet.se/senastenytt/ttnyheter/inrikes/article/19477009.ab. Publicerad 2014-09-04. Läst 2017-11-18.

Arbetarbladet, arbetarbladet.se/gastrikland/gavle/protester-mot-nya-sjukregler. Publicerad 2009-12-18. Läst 2017-11-16.

Arbetet, https://arbetet.se/2011/01/14/allvarligt-sjuka-tvingas-till-socialen. Publicerad 2011-01-14. Läst 2017-11-19.

Arbetet, https://arbetet.se/2012/01/16/arbetslivsintroduktion-meningslos-for-utforsakrade. Publicerad 2012-01-16. Läst 2017-11-16.

Arbetet, https://arbetet.se/2012/04/27/stark-okning-av-hotom-sjalvmord. Publicerad 2012-04-27. Läst 2017-11-20.

Arbetet, https://arbetet.se/2016/12/19/reglerna-for-sjukskrivna-en-styggelse. Publicerad 2016-12-19. Läst 2017-11-20.

Arbetsförmedlingen, https://www.arbetsformedlingen.se. Läst 2017-11-16.

Arbetsvärlden, https://arbetsvarlden.se/bortre-parentesen-i-sjukforsakringen-tas-bort-idag. Publicerad 2016-02-01. Läst 2017-11-17.

Dagens Nyheter, https://www.dn.se/nyheter/sverige/akesson-tyvarr-ni-kommer-inte-in. Publicerad 2015-10-16. Läst 2017-11-16.

Dala-Demokraten, http://www.dalademokraten.se/blaljus/-brott/pavarkad-man-hotade-personalen-pa-forsakringskassan. Publicerad 2017-07-25. Läst 2017-11-19.

ETC, https://www.etc.se/inrikes/utforsakrade-johan-mastetigga-ihop-pengar-till-mat. Publicerad 2014-06-20. Läst 2017-11-14.

Expressen, https://www.expressen.se/gt/hotade-doda-anstalld-pa-forsakringskassan. Publicerad 2014-11-01. Läst 2017-11-19.

Expressen, https://www.expressen.se/debatt/att-tvinga-sjuka-att-jobba-ar-inte-ratt-vag. Publicerad 2016-01-28. Läst 2017-11-17.

Expressen, https://www.expressen.se/nyheter/lakare-slar-larm-om-forsakringskassan. Publicerad 2017-02-17. Läst 2017-11-20.

Expressen, https://www. expressen.se/dinapengar...for-sakringskassan-struntar-i-mina-intyg. Publicerad 2017-05-17. Läst 2017-11-14.

Feministiskt Perspektiv, https://feministisktperspektiv.se/-2011-04-08/utforsakrade-nekas-socialbidrag-ska-arbeta-till-varje-pris. Publicerad 2011-04-08. Läst 20107-11-19.

Flashback, https://www.flashback.org. Läst 2017-11-17.

Försäkringskassan, https://www. forsakringskassan.se. Läst 2017-11-19.

Google, https://www.google.se. Läst 2017-11-20.

HD, https://www.hd.se/2010-06-22/sittande-protest-mot-sjukregler. Publicerad 2010-06-22. Läst 2017-11-16.

Metro, https://www.metro.se/artikel/f%C3%B6rs%C3%A4-kringkassan-till-sv%C3%A5rt-cancersjuk-n%C3%A4r-ska-du-d-%C3%B6-xr. Publicerad 2013-02-25. Läst 2017-11-19.

Metro, https://metro.se/artikel/sv%C3%A5rt-cancersjuka-%-C3%A5rt-cancersjuka-%C3%A5sa-tvingas-jobba-xr. Publicerad 2014-02-24. Läst 2017-11-19.

Newsaboutdisease.com, https://newsaboutdisease.com/-2017/04/03/lakare-och-forsakringskassan-talar-inte-samma-sprak-sjuka-tvingas-till-socialtjansten. Publicerad 2017-04-03. Läst 2017-11-17.

Novus, http://novus.se/nyhet/socialdemokraterna-anses-ha-bast-politik-allt-fler-av-valjarnas-viktigaste-fragor. Publicerad 2017-09-09. Läst 2017-11-17.

Regeringskansliet, https://www.regeringen.se/sveriges-rege-ring/finansdepartementet/statens-budget/statens-budget-i-siffror. Läst 2017-11-15.

Rehabpartner, http://rehabpartner.se/vem-eller-vilka-ska-ha-ratt-att-sjukskriva. Publicerad 2013-03-06. Läst 2017-11-19.

Samhällsnytt, https://samnytt.se/socialdemokraterna-har-bast-ekonomisk-politik-enligt-matning. Publicerad 2017-09-10. Läst 2017-11-17.

Solrosupproret.se, http://solrosupproret.se. Läst 2017-11-15.

Svenska Dagbladet, https://www.svd.se/socialbidragen-okar-kraftigt. Publicerad 2009-11-30. Läst 2017-11-20.

Svenska Dagbladet, https://www.svd.se/sluta-staffa-vara-patienter. Publicerad 2011-03-29. Läst 2017-11-15.

Sveriges Radio, http://sverigesradio.se/sida/artikel.aspx?programid=161&artikel=4317937. Publicerad 2011-01-28. Läst 2017-11-16.

Sveriges Radio, http://sverigesradio.se/sida/artikel.aspx?programid=106&artikel=60779432. Publicerad 2015-01-28. Läst 2017-11-19.

SVT Nyheter, https://www.svt.se/nyheter/lokalt/helsingborg-/6-000-personer-vantar-pa-omprovning-av-forsakringskassan. Publicerad 2017-01-23. Läst 2017-11-17.

Sydsvenskan, https://www.sydsvenskan.se/2017-09-10/62-ariga-kalle-tvingas-jobba-trots-att-hans-kropp-inte-orkar-med-det-langre. Publicerad 2017-09-10. Läst 2017-11-17.

Västerbottens-Kuriren, https://www.vk.se/538419/beviljad-sjukersattning-overklagas. Publicerad 2011-04-06. Läst 2017-11-18.

Wikipedia, https://sv.wikipedia.org. Läst 2017-11-15.